九州なのに筑豊地帯は時に雪になる。この日、雪に覆われたなかにやってきたのはD50140だった。ターンテーブルで向きを変え、次の仕業の前に構内で佇んでいた。

D60 25

筑豊本線を走る石炭列車は大した迫力でやってきた。二軸のセムやセラで構成された列車の先頭に立つのは古豪、D60やD50であるのは、なによりも感激させてくれた。

筑豊本線で石炭列車を牽くD60やD50。特にD50はわが国でも最後の存在だった。晩年、10輌が残っていた直方区、若松区の「デゴマル」。なかでもD50140は化粧煙突などをはじめとして美しい姿をとどめていた。初配置区が梅小路区だったこともあって、「梅小路蒸気機関車館（現京都鉄道博物館）」で保存されている（上）。またD50231は正面の型式入りのナンバープレートが人気であった。最後は４輌が若松機関区に集結していた。

D50 140

ストラ
55534
C50 58

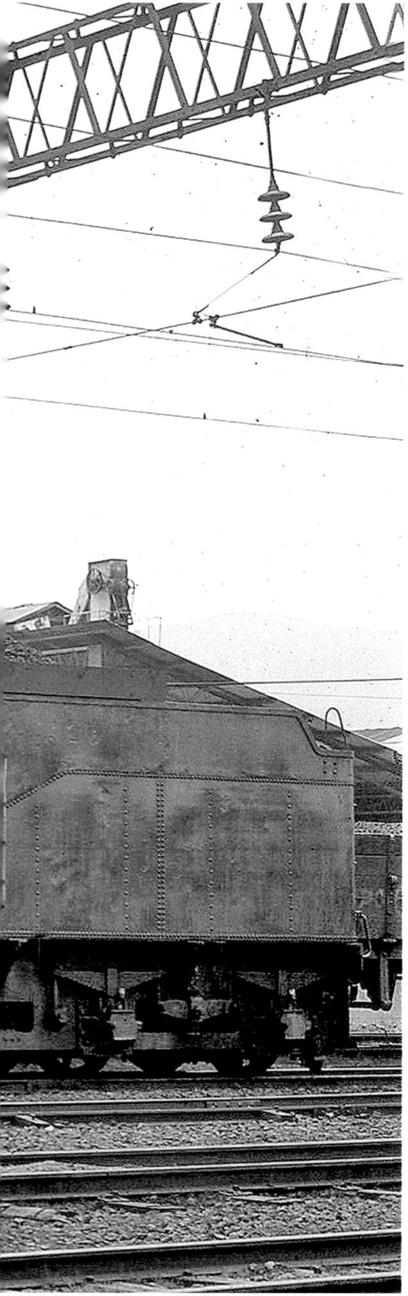

行橋区のC50、なかでもC5058は装飾された「小工デフ」を付けていることで人気の存在だった。それは「行橋機関区60周年」を記念して1954年に装着されたもの。三度目の訪問でようやく望みの写真が撮影できた。次ページは後藤寺線、後藤寺〜船尾間の中元寺川橋梁を往く9600型逆向重連の貨物列車。

特集
1

筑豊本線のD50/D60

石炭列車の先頭に立つ

D50 208
40
500

筑豊の D50/D60

■ 筑豊本線　若松～直方間

筑豊とは筑前、豊前の両地に跨がる地帯、数え切れないほどの数の炭坑がひしめく炭礦地帯である。その石炭搬出のために鉄道が敷かれた。それこそ炭坑のあるところには支線、専用線を延ばし、明治以来、筑豊本線を中心として、この地域の鉄道は文字通り「網の目の如く」であった。

もうすっかり「石炭晩年」というような時期ではあったが、まだ古豪 D50 型が残り、D60 型とともに石炭列車の先頭に立っていた。どれほどの採炭量があったのか、そのときは知る由もなかったのだが、なにはともあれ、長い石炭列車を牽く大型貨物用蒸気機関車の姿に魅了されていた。

1901 年、八幡製鉄所が開設され、それまで製塩に使われてきた石炭が製鉄にに活用されることになって、地元で探鉱できる筑豊炭田が俄然脚光を浴びるようになった。周辺の炭坑開発が進み、日本一の炭礦地帯へと躍進するのである。

いつだったか、専用線などで使われていた機関車のリストをつくったことがある。それによると、貝島炭礦には 4 輛の機関車が働いていたほか、三菱鯰田礦にボールドウィンの 3400 型 3403 とナスミスの 600 型 658、日本炭礦高松礦にはスケネクタディのアメリカン、5700 型 5735、古河目尾礦にはドイツ、クラウスの 1400 型 1430、明治礦業平山礦業所に 230 型 231 がいた。

日本一の筑豊の衰退はドラスティックなものであった。

1950 年代の景気衰退、エネルギー革命による石油へのシフトなど、一気に石炭の需要は失なわれていった。廃坑が相次ぎ、1960 年代末には数えるほどしか残っておらず、気が付けば先の専用線の機関車も貝島と明治礦業平山に残るだけになっていた。

そして、1976 年の貝島炭礦を最後に、筑豊の石炭産業は、その火を消してしまうのだった。

筑豊にとっての石炭はごくごく身近かな存在であったようだ。だから、というわけでもないだろうが、石炭を焚いて走る蒸気機関車にも採れた石炭を運び出す列車にも、平気で近づいていく。こんな情景、いまでは見ることも、もちろん撮影することもできないだろう。

どこから線路敷きに入ってくるのか解らないのだけれど、平気な顔をして上下線の間を歩いていく。まったくいつもの日常風景のようにして。

機関車の方も汽笛を吹鳴するわけでもなく、ときには知り合いなのか機関士さんが手を振ったりしているくらい。最初は遠慮がちに線路脇から写真を撮っていたのが、だんだん地元の法則に従って上下線の真ん中でカメラを構えるようになった。

後年には築堤脇にクルマを停めて、線路に駈けあがり、列車を待つ。さすがは筑豊本線、けっこうな密度で列車はやってくるから、周囲に気を配りつつも、飽きることはなかった。考えてみれば佳き時代、というほかはあるまい。

この写真、男女四人組が行ってしまったと思ったら、上り線の線路の真ん中を歩く人がいて、二度目を疑ってしまった。もちろん知り合い同士ではなく、四人組は右へ、大胆親父は左へと姿を消した。

D60 25

D50 213

1、2、3… 数えていったら、なんと 50 輌以上つないでいる。二軸石炭車の背の高さがいろいろなのも面白い。下り列車だから空車とはいえ、まだこんな長い石炭列車が走っていた。北海道の石炭列車がボギーのセキだったのに対し、九州のそれは、セム、セラの二軸貨車。車掌室付のセフも珍しい存在であった。

初めての九州、折尾駅の南側で列車を待った。まだ撮影地のガイドやダイヤグラムが専門誌の付録についたりする以前、貨物列車の時刻を知る術もなかった。とりあえず線路端に立って列車がくるのを待つしかなかった。

ここに来るまでにも、客車の窓から追い越す石炭列車が見えたりすると、それだけで炭礦地帯に来た、という気持ちの昂りがあった。夏の九州、列車を待つ時間、暑さには少しばかり閉口したものの、ワクワクする気持ちの方が遥かに強かった。

そして、いきなりやって来たのがこの D50 型の牽く 50 輌を超える石炭列車なのだから、充分に満足だった。

「筑豊石炭礦業史年表」という700ページに及ぶ資料を見付けた。丹念に筑豊石炭礦業の形成から発展、衰退、崩壊に至るまでを辿った記録だ。蒸気機関車を懸命に追い掛けていた当時には、そうしたバックグラウンドにまで目を向ける余裕がなかったのが、今ごろになって勉強したりしているのだから面白い。

いろいろ知るに連れ、筑豊の炭礦、その本当に最後の一時期だけ触れられたことが解った。もっと早く知っていれば… よりも、最後の最後でも触れられたことのシアワセを思わずにはいられなかった。

筑豊の採炭は1800年代早々、天保年間にはじまったとされる。それより先、遠賀川から若松に至る堀川が整備、はじめは米の輸送に使われたが、やがて石炭輸送にも重要な役を果たすことになる。

石炭搬出のためにより輸送力のある鉄道が、炭礦主たちの出資で設けられる。当時の船輸送業者による熾烈な反対運動の中、1891（明治24）年8月に若松〜直方間の筑豊興業鉄道が開業。これは3年後には筑豊鉄道と名前を変え、さらに3年後の1897年には九州鉄道に吸収される。その後も、付近の炭坑のあるところに線路を延ばしていった。飯塚を経て上山田まで、また直方からのちの伊田線など、多くは明治年間に敷設されている。

九州鉄道が1907（明治40）年7月に国有化されたのちも香月線、宮田線などが線路を延ばした。

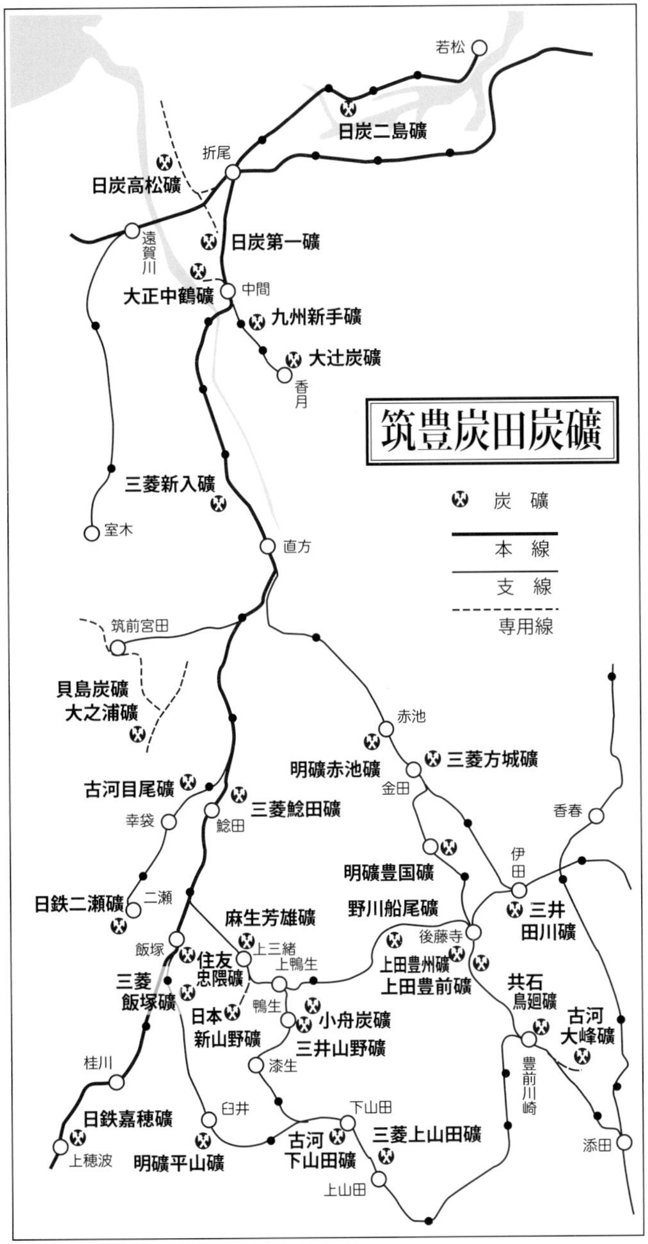
筑豊炭田炭礦
炭礦
本線
支線
専用線
若松
折尾
日炭二島礦
日炭高松礦
遠賀川
日炭第一礦
大正中鶴礦
中間
九州新手礦
大辻炭礦
香月
三菱新入礦
室木
直方
筑前宮田
貝島炭礦
大之浦礦
赤池
明礦赤池礦
三菱方城礦
金田
古河目尾礦
三菱鯰田礦
鯰田
幸袋
香春
明礦豊国礦
伊田
日鉄二瀬礦
二瀬
野川船尾礦
三井
田川礦
麻生芳雄礦
飯塚
住友
忠隈礦
上三緒
上鴨生
後藤寺
上田豊州礦
上田豊前礦
三菱
飯塚礦
日本
新山野礦
鴨生
小舟炭礦
三井山野礦
共石
鳥廻礦
古河
大峰礦
漆生
豊前川崎
桂川
日鉄嘉穂礦
臼井
下山田
古河
下山田礦
三菱上山田礦
上穂波
明礦平山礦
上山田
添田

D60 28

重連！重連！重連！

もちろん石炭だけがその理由ではないのだろうけれど、筑豊地帯の蒸気機関車の縦横無尽振りには目を見張るばかりであった。なにしろ列車の密度も普通ではない。あっちからこっちから次々に列車がやってきて、機関区でゆっくり写真を撮っている暇がない、といった風。

筑豊地帯のすごさを端的に表わすひとつは、このさまざまな重連。もちろん機関車の運用、特にいくつもの専用線などが枝分かれする炭礦地帯での事情からなのだろうが、普通ではお目に掛かれないような編成に思わず歓声を挙げたのも一度や二度ではなかった。

C5515 ＋ 9600、動輪径 φ 1750 と φ 1250、その差は小さくないよなあ。D60 ＋ C11 だったら、C11 の方が大径の動輪だったりして。D60 ＋逆 D60、次補機の D60 はキャブ内に煙充満したりしないのだろうか？

いろいろなことを思うけれど、それ以前に想像を超えた機関車の組合せに、歓声を挙げてしまってるのだから始末に負えない。模型でも、片端から機関車を重連にしてみたい「癖」があるけれど、それを実物で再現してくれるのだから、こんな凄いことはない。本当に息もつけない筑豊、石炭列車なのであった。

D60 25
6176

69632

筑豊本線を走る石炭列車、晩年は門司港に直行するもの、門司操車所に行くもの、西八幡で製鉄所に直行するものもあった。いずれもが折尾で鹿児島本線に合流し、交流電化された架線の下を走ったりした。

もちろん石炭列車を牽いたのは D50、D60 だけではない。本線では少なかったが、支線筋では 9600 の牽く石炭列車が見られたし、最晩年には D50、D60 に代わって D51 も進出してくる。だが、いかにも冷淡で、D51 の牽く石炭列車はほとんど撮影していない。唯一、右の写真が一点見つかっただけであった。もちろん、もっとカメラを向けておけばよかった、という後悔はあるのだが、それほど余裕がないほどに駆け回っていた、というのが実際のところであった。

石炭列車を模型で再現しようと思ったことがある。北海道だったらセキ 3000 だろうが、九州の場合は二軸車、それはセム 4000、セム 4500、セム 6000、セラ 1、それにセフ 1 が蒸気機関車晩年の頃の九州の石炭車だ。列車として見栄えのする数を揃えるとなると…　相応の数が必要になるし、二軸石炭車は一輛一輛もけっこう複雑な形をしていて、実際にはなかなか大変そうだ。

じつはセフを含めてなん輛か組立てたところで力尽きたようになっている。

筑豊の石炭列車、やはり本線を往く長い石炭列車の模型での再現は難しいテーマのようである。

ロセフ
115
荷重 12t
自重 9.8t
積 2.2
空 1.0
C2

ロセフ
115
積 2.2
空 1.0
自重 9.8t
C2
ロミム
105
積 2.4
空 1.0

北九州の石炭列車

九州北部には筑豊以外にもいくつかの炭坑、炭田が広がっていた。有名な三池炭礦（大牟田市、荒尾市）をはじめとして、唐津炭田（唐津市、多久市、伊万里市、武雄市）、佐世保炭田（松浦市）などの名前が挙がる。それぞれの地区でも、石炭列車の走るシーンが見られた。

しかし、晩年、趣味的にみるとやはり筑豊地区が興味深かった。なにしろ牽引機関車のヴァラエティは、他では見ることができないものだったのだ。D50型、D60型の活躍目当てに筑豊本線、というのがまずは第一の目標になった。

周辺に支線筋に目が向けられたのは、筑豊本線が一段落してから、またはその往き帰りだったりした。そこでは思わぬ絶景に遭遇して、もっと早く目を向けていればと、いつもの繰りごとを呟くのだが、やはり時間は待ってはくれなかったのだ。

これは田川線、油須原～崎山間を往く9600重連の列車。すべてが石炭車ではなく一般貨車も混じっていたのは、最晩年だったからであろうか。後藤寺線、後藤寺～船尾間で逆向重連の9600も見たりして、もっともっと探索したい、と思ったりしたのだが、果たせないまま、石炭産業の方が先に終焉を迎えてしまった。

貝島炭礦 専用線

　貝島炭礦は独特の存在感を持つ炭礦であった。あとで歴史を繰ってみるとよく解るのだが、「石炭王」の呼び名をほしいままにしていた貝島太助が、1885（明治 18）年に開坑した貝島炭礦は、その 91 年にわたる歴史の最後の最後まで、気品を保っている風があった。

　貝島炭礦については、改めてまとめなくてはならないが、すべて自前の線路に「新車」で購入したボールドウィンとコッペルの蒸気機関車が 2 輌ずつ、というだけで絶頂期の繁栄振りが想像された。しかも、それらが最後まで姿をとどめていた、それに接することができた、というのはなによりも嬉しいことであった。

　最初に「六坑」と呼ばれた機関庫を訪ねた時もそうであったが、独特の存在感、独特の雰囲気は最後まで消えることはなかった。貝島炭礦の専用線が消えてから 30 年経って、「宮若市石炭記念館」という貝島炭礦の記録を残す展示を見て、合点した。貝島財閥といわれただけのことはある、のちのち増えていった炭礦とは志がちがう。その最後に触れているようなものだったのだから。

　記念館構内をはじめ、いまもボールドウィンの 2 輌は保存されているし、コッペルの 32 号機も「直方市石炭記念館」で保存展示されている。撮り貯めている写真はぜひともまとめておかねばなるまい。

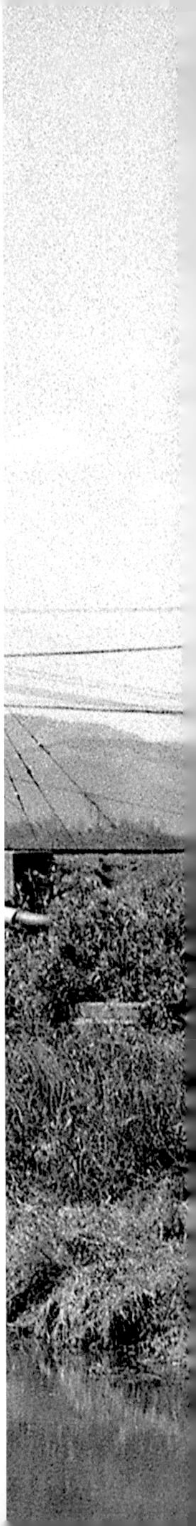

明治礦業平山

筑豊の炭礦を語るとき、忘れられないのが明治礦業平山、である。本当に偶然に見付けた。そんなことが佳き時代にはあったのである。

いち早くクルマを使って撮影行に出られた、その恩恵のひとつかもしれないが、あるとき知らない踏切に出くわした。よく見ると狭軌、しかも複線、立派な架線も張られている。なにがなんだか解らないまま、興味に魅かれて半日を過ごした。

それが明治礦業平山、であった。国鉄蒸気機関車とともに、地方の小私鉄や軽便鉄道、専用線などにわれわれの興味が広がっていった時期である。

これ以後、九州を訪れる際にはなにかと寄り道をする場所になった。

狭軌の採炭、運炭路線を追い掛けることに夢中で、それを上山田線臼井駅裏のホッパーで国鉄線に積み替える。そこではもと八幡製鉄で働いていたＢタンク機関車が、国鉄線の入換えを行なっている、というようなことはなん回目かの訪問でやっと知ったりした。

石炭採掘の一番最初の現場に近いところから観察でき、最終的な長い石炭列車を見る意識も少し変わったような… 明治礦業平山についても、また改めてお伝えすることにしたい。

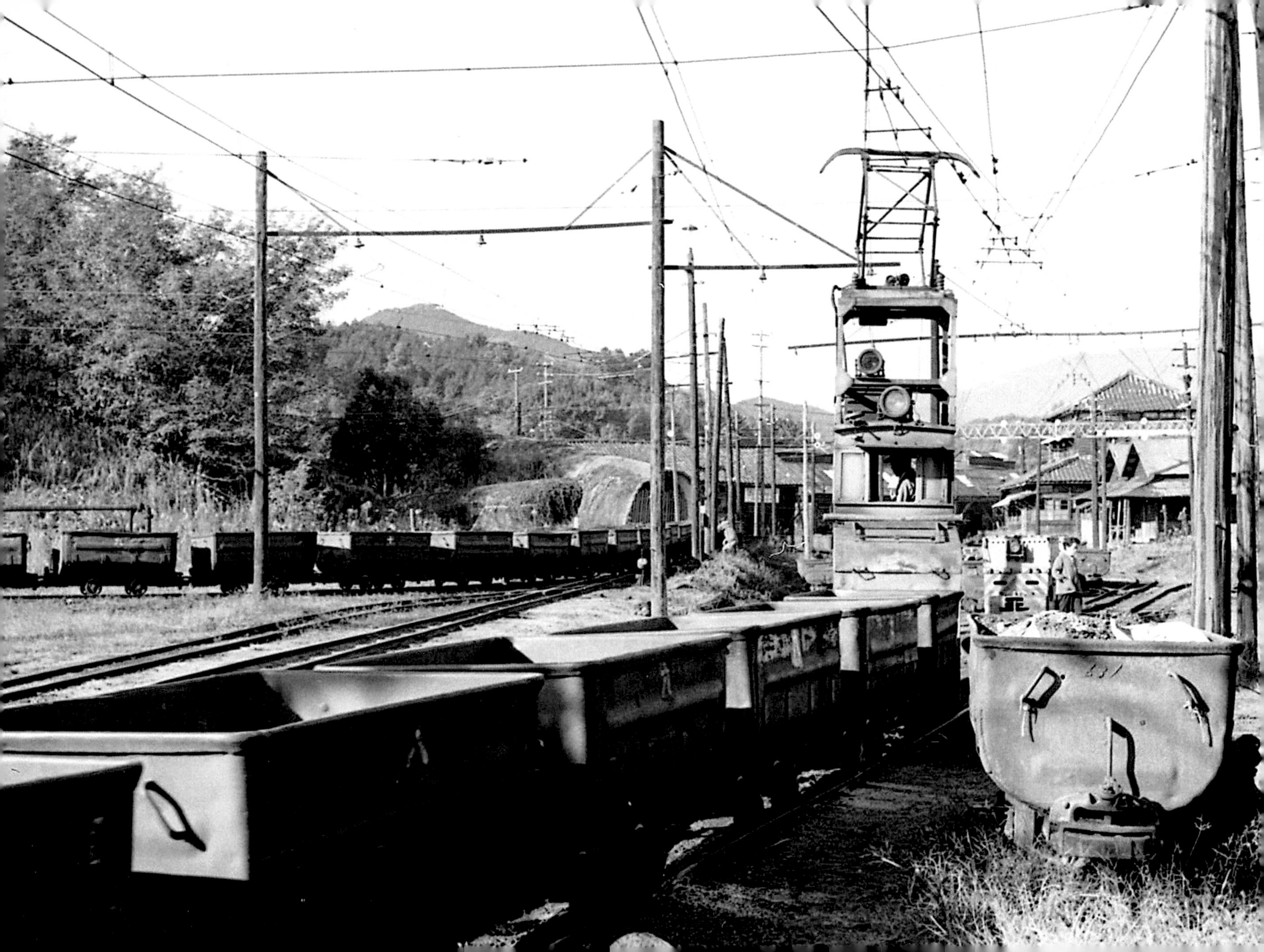

直方／若松機関区の D50

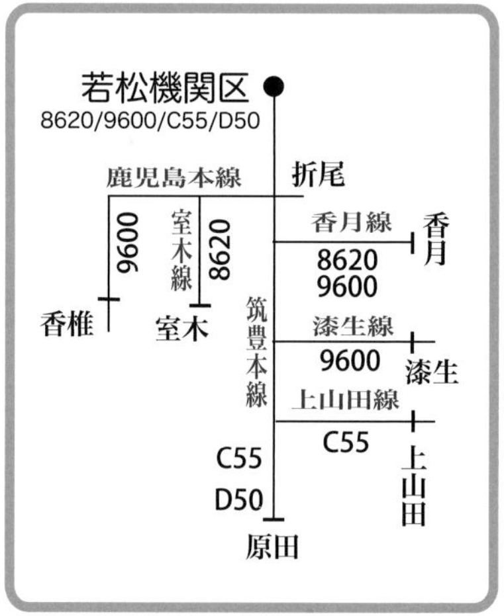

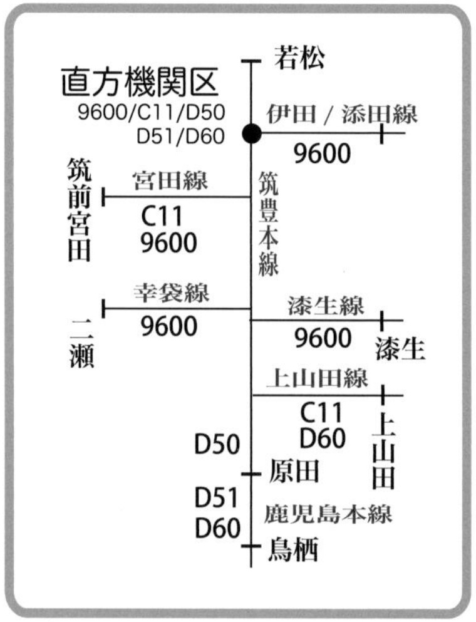

D50型 直 若

軸配置 1D1 の大型貨物用機。大正の終わり、ひとつの完成形として登場した。わが国を代表する貨物用機関車 D51 型は、この D50 型がそっくり下敷となってつくられた発展形と見ることができる。その点でも D50 型には高い評価が与えられるというものだ。この古豪が蒸気機関車末期まで棲息していたのは称賛に値する。

大正年間に完成し、380 輛が量産された大型貨物用蒸気機関車。わが国の蒸気機関車が頂点に達っしようかという時代を知ることのできる古典機として、貴重なものであった。

旅客用の C51 型と好一対の存在、完成当初は 9900 型で、1928 年の型式称号改正で D50 型となった。ちなみに C51 型も完成時は 18900 型を名乗った。

貨物用機関車の完成形といわれる D51 型「デゴイチ」の下敷きになったといわれるが、溶接構造が採用されるなど各部は近代化されたものの、1D1 の軸配置、φ 1400 の動輪をはじめとして基本的なサイズはすでに D50 型で最大級に到達していた、といえよう。大型貨物用機関車と称される所以である。完成後は全国の主要路線で主力機として大活躍してみせた。

大正年間に完成し、380 輛が量産された大型貨物用蒸気機関車。わが国の蒸気機関車が頂点に達しようかという時代を知ることのできる古典機として、貴重なものであった。

なんといっても化粧煙突の優美なカタチは「デゴマル」ならでは、だ。煙突だけではない。それにつづくドームと大型の砂箱が D50 型独特のスタイルをつくり出している。大柄の四角いキャブも大型貨物用機関車という性格に似合っている。

ここまでくると、憧れつつも多くを知ることのできなかった C51 型とは、また別の魅力が備わっていることに気付くのだった。

1967 年の機関車配置表によると、直方区に 6 輛、若松区に 4 輛、計 10 輛の D50 型が姿をとどめていた。これが 1969 年になると若松区に 4 輛が集結し、最後の「デゴマル」になった。

D5090、140、205、231 が辛うじて 1970 年代に足跡を残したのだが、北海道、福井地区、米原にいた機関車が 1960 年代末までには姿を消してしまい、筑豊最後の「デゴマル」はわが国最後の D50 型ともなった。若松機関区に移動した D50140 が、化粧煙突をはじめとして、最も美しい姿を残していたということで「梅小路蒸気機関車館」（現「京都鉄道博物館」）に保存された。

D 50 90
若

D5090

1925年11月、川崎造船所製、製番1077、当初の番号は9900型9989。完成後、長く広島区で「瀬野八」などでも働いたのち、戦後間もなく直方区に。その後1950年代には柳ヶ浦区にあって1959年5月「小エデフ」に。1967年9月、若松区に移動し、1971年3月に廃車。給水温め器にヘッドマーク掛けが付く。四つ角の煙室扉ハンドル。また、前輪がφ860のプレート輪芯になっているのは、九州のD50に共通している。

D50 90

D50 90

D50 90

D50117

1926年3月、川崎造船所製、製番1106、当初の番号は9900型19916。戦前は吹田区、鷹取区など、関西地区で使用。戦後間もなく直方区に長く籍を置く。1968年12月に廃車。化粧煙突をはじめ、美しい姿を残す。デフレクターには、少し小振りなふた付の点検窓が開けられている。左の写真では、もう休車状態で、すでにメインロッドが外されている。

D50 117

D50 135
石炭受渡の正確
一旦停止

D50135

1926年11月、川崎造船所製、製番1124、当初の番号は9900型19934。戦前は山北区、浜松区、吹田区などと移ったのち、戦時中に門司区から直方区に移動。1968年12月に廃車。化粧煙突をはじめ、美しい姿を残す。少し高い位置の正面ナンバープレートもいい感じだ。

直方区、若松区に併せて10輌が配置されていたD50のほか、11輌のD60型がいた。ご存知のようにD50型の従台車を二軸従台車に変更して誕生したのがD60型である。基本的なプロポーションは同じだから、筑豊本線は「デゴマル、デロクマル」の路線、といった感じで、来る列車来る列車、ひとつも見逃せない印象であった。

D60型に改造するときに、先輪はφ860のディスク輪芯に変更されていたが、筑豊で働くD50型も同様の改装を受けており、よけい両者は似たプロポーションになっていた。D60型の中には「小工デフ」装着車、前方を斜めに切り落としたデフレクターのもの、また砂箱形状の異なる汽車会社製もあったりして、一気にヴァリエイションが広がった。

数少なくなったD50型、D60型の走る路線、筑豊本線の魅力は大きなものであった。そのなかでの「白眉」、D50140はいまも保存されている。

D50140

1926年11月、川崎造船所製、製番199、当初の番号は9900型19939。戦前は梅小路区を皮切りに糸崎区、岡山区、吹田区など、山陽、関西圏で使用。戦後は直方区に長く籍を置き、大活躍をした。1968年10月に若松区に。1979年3月に廃車。化粧煙突をはじめ、美しい姿を残す。初配置区が梅小路区だった縁もあって、「梅小路蒸気機関車館（現、京都鉄道博物館）」に保存されている貴重な存在。

D50 140

「梅小路蒸気機関車館（現、京都鉄道博物館）」に保存されているD50140を別にすれば、筑豊本線で最後まで残っていたD50型は1971年6月に廃車になったD50205であった。

煙突こそパイプ煙突に改装されていたが、美しく整備され元気に活躍するシーンに幾度も遭遇した。何故かD50205に接する機会が多かったようで、時にはゆっくり身近かで観察する時間もあった。

横長の一枚窓に改装されていたキャブ。左の写真では窓枠が取外されていたが、別の時はちゃんと三枚の窓枠が備わっているのを確認したりした。基本的に「デゴイチ」の下敷きになった、といわれるD50型だが、従台車をはじめとして、似て非なる部分も少なくない。フロントデッキに載る「後付け」の給水温め器や大きく四角いデフレクターなどから、受ける印象はやはりひと回りクラシカル、古豪ということばがよく似合うのだった。

D50205

1927年5月、川崎造船所製、製番1191、当初の番号は9900型29904。戦前は敦賀区を皮切りに中津川区、富山区などで使用。1945年3月に出水区に移動したのち、長崎区を経て、1958年以降若松区。1971年6月に廃車。煙突がパイプ煙突に改装されてはいるが、筑豊の蒸気機関車はよく手入れされていて、美しく保たれている印象だ。

D50 205

D 50 205
43-5
小倉工

D50 205
若

架線注意
架線注意
D50205
45-5-26
KK

S
43-5
小倉工

それにしても、やはり貨物用蒸気機関車の醸し出す迫力、力強さは格別だ。特に、φ1400の動輪、それに架かるロッド類の重厚さは、想像以上のものである。

興味のままに、D50205の各部分をカメラに収めた。なかなか近づくことの少ない足周りの迫力は新鮮な感動であった。考えてみれば、左右のメインロッドが蒸気機関車が発揮するパワーのすべてを担っているのだから、逆にその存在感を見直したりしたものだ。

従台車周りも複雑な取り回し、担いバネやイコライザーなどパーツのひとつひとつがそれぞれの部分を受け持ち、全体として重要な機能を発揮しているのを想像して、まさしく蒸気機関車はアナロギイな膨大なメカニズムの集合体なのだと再確認したりした。

D50205を前にして過ごした時間は、それは多くのことを発見し思索させてくれるとても貴重なひとときであった。

ある夏の日のことであった。前のD50205とは別の時、桂川駅で待つうちにD50の牽く上り貨物列車がやってきた。15分ほど停車して、交換待ちをする。

九州の夏、熱気の籠るキャブから降りて、機関士さんたちもひと休みする。

「まだ時間があるからゆっくり撮りな」

遠くからやってきた汽車好きを温かく見守ってくれる。そのうち

「『デゴマル』もそろそろ引退だからなあ、しっかり撮っておいてくれよ。そうだ、記念に一枚写真撮ってくれよ」

機関助士さんとふたり、機関車の前で記念撮影して差し上げた。

旧いけれど「デゴマル」はいい機関車だよ、パワーがあってな、などと話してくれ、そのうち、そうだ、と思いついたように嬉しい提案をくれたのである。

それが右の写真。キャブに招き入れてくれ、交換する下り列車を撮るといい、というのだ。機関士さんの見馴れた景色、われわれには新鮮でそれこそ興奮してしまう一瞬。いまでも心に残っている情景のひとつだ。

幾度となく通ったことで、当時残っていたD50全10輛を記録することができた。380輛というD50型の数からするとわずかだが、これだけでも出遇えただけシアワセというべきだろうか。

筑豊本線のD50型のうち、化粧煙突ガ残っていたのはD50117、135、140、208、213、318。

原形に近い二枚窓キャブ窓D50213と245。

デフレクターはD5090のみ「小工式」。

テンダーはD5090、117、135、140が20m^{3}型、その他は12-17型に交換されていた。

全部がφ860のディスク先輪になっていたのは前にも記した通りだ。

そんな筑豊本線も、1971年4月30日、D50140が牽く「さよなら運転」を最後に幕を閉じる。

D50の最後は4輛が若松区に集められ、それが筑豊本線というだけでなく、わが国のD50型の最後になったのであった。保存されたD50140を別として、1970年1月にD50231、1971年3月にD5090、そして1971年6月に最後のD50205が廃車になって、筑豊、いや日本の「デゴマル」は終焉を迎えたのだった。

D60 32

D50 208

D50208

1927年5月、川崎造船所製、製番1194、当初の番号は9900型29907。戦前は敦賀区を皮切りに福井区で使用。1942年1月に移ってきてからずっと直方区、1964年に若松区に移動し、1968年12月に廃車になった。

D50 213

D50213

1927年6月、川崎造船所製、製番1199、当初の番号は9900型29912。戦前は広島区、小郡区、岩国区で使用。1944年9月に出水区、さらに直方区へと移動した。1968年12月、直方区で廃車。

D50231
D50 231
ロセム
6206

D50231

1928年3月、日立製作所製、製番279、当初の番号は9900型29930。戦前は広島区、小郡区、大里区などで使用。1933年11月に鳥栖区、さらに出水区を経て1963年9月に直方区へ。最終的には若松区に移動して、1970年1月に廃車。パイプ煙突だが正面のナンバープレートが人気。

D50245

1927年11月、日本車輌製、製番193、当初の番号は9900型29944。戦前は敦賀区、福井区など北陸筋で働き、戦後長崎区を経て若松区、さらに直方区に移動して、1968年12月に廃車になった。二枚窓のキャブが原型の面影を残す。

D50318

1929 年 3 月、日立製作所製、製番 340、当初から D50 型。戦前は稲沢区、木曽福島区などで使用。1950 年 10 月に早岐区、さらに長崎区を経て若松区へ。1968 年 8 月に廃車された。

特集
2

行橋区のC50

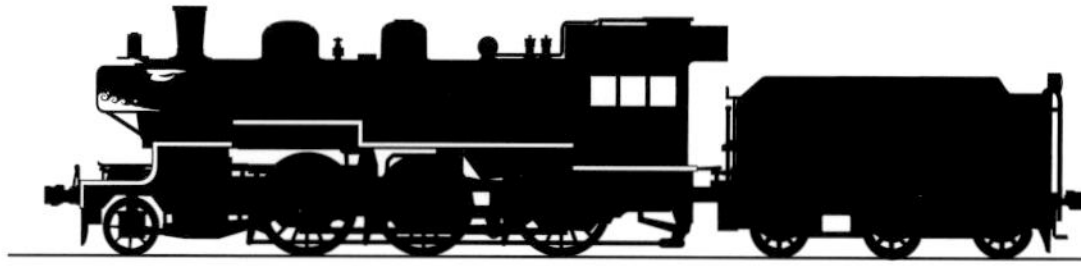

筑豊炭田で産出された石炭を若松港、門司港、八幡製鉄所などに運ぶためにつくられたのが筑豊本線であった。その後も筑豊の炭礦は広がりを見せ、田川地区の炭礦も開坑。そこから行橋方面へのルートとして存在したのが田川線である。

筑豊本線が筑豊興業鉄道の手で完成されたのと同様、田川線は私鉄の豊州鉄道によって敷かれた。開業は1895（明治28）年8月というから、長い歴史を持つ路線のひとつだ。最初は行橋〜伊田間であったが、付近の炭礦の開拓とともに支線も広げていった。

筑豊鉄道につづいて、豊州鉄道も1901（明治34）年9月には九州鉄道に吸収合併される。その時点で、蒸気機関車20輛、貨車は550輛以上という規模であった。

炭礦のあるところ鉄道あり、網の目のように線路が敷かれている地域である。至るところに9600の牽く石炭列車が走っていたりした。

そんななかで、趣味的にひとつ注目されたのが行橋機関区にいたC50型蒸気機関車、である。「ハチロク」こと8620型の発展型といわれるC50型だが、晩年は入換え用機関車として重宝され、一般営業用に使われることが少なかった。したがってなじみの薄い存在になっていたものである。

そんなC50型が配属されている、それも「装飾デフ」付の機関車がいることで、趣味的には大いに興味のある所であった。

1967年の機関車配置表によると、C50型が5輛、9600型が11輛、C11型が7輛。1969年にはC50型が4輛、9600型が11輛、C11型が8輛と、合計23輛という数字は変わっていなかった。

9600型とC11型は田川線をはじめとして、それぞれ貨物列車、旅客列車を牽引していたが、お目当てのC50型は入換えが主な仕業で、わずかに苅田港への小貨物列車の運用があるだけだった。

苅田港というのは、小波瀬から分岐する貨物専用線の終点で、戦後、石炭積み出しなどのために設けられた線路。港での入換えを兼ねて、貨物列車が往復していた。そのひとつがC50型の受持ちだったのだ。

最初に九州訪問が叶ったとき、まずは夜行急行列車で行橋に入った。

当時をしのばせてくれるような歴史の刻まれた四線のレンガ庫があった。レンガ造りの機関庫のなかはひんやりと涼しく、真夏の九州ではオアシスのような気がした。そこにいる大正生まれの蒸気機関車。いつまでも見ていたい気持ちになった。

79668

● 行橋機関区のこと

　行橋機関区は 1895（明治 28）年 4 月、豊州鉄道行橋機関庫として新設された。同時に開業した駅名は行事（ぎょうじ）駅とされたがすぐに行橋駅に改名されている。のちの田川線で伊田、後藤寺などで産出される石炭輸送のための鉄道だったが、1901（明治 34）年 9 月、九州鉄道に吸収、さらに 1907（明治 40）年 7 月には国有化されたのは前述の通り。少し遅れてのちの豊州本線→日豊本線も開通、行橋機関区は存在感を高めていった。

行橋区のC50型

1966（昭和41）年4月に通過する日豊本線小倉〜新田原間の電化完成により行橋駅通過の日豊本線の列車は無煙化される。それまで走っていたC57、D50、D51の姿は見られなくなったが、行橋機関区は煙に包まれたままであった。

先に述べたように9600、C11、C50の配属は変化なかった。しかし9600、C50の門司港までの仕業がなくなった。C11は門司港〜行橋〜田川線の直通列車を含め旅客列車を牽引した。

趣味的に行橋機関区というと「波に千鳥」のデフレクターを付けたC50が興味深かった。「行橋機関区60周年」記念の「機関車展示会」展示のためC5058の「小工式デフ」に小倉工場で装飾が施された。装着当初は田川線にC50の牽く旅客列車が残っており、人気の機関車になったという。そのC5058は1970（昭和45）年1月、3輌のC50型とともに廃車になってしまうのだが、そのデフレクターは同じ行橋機関区の79668に移植されて、その後もしばらく愛好者の注目を集めた。

C50型がなくなって、行橋区は9600型ばかりになってしまうのだが、それも1974（昭和49）年12月には引退し、煙は消えた。

というわけで、C5058はどこに居るんだろう、機関区の中にはC50118がいるだけで、あと煙を上げているのは9600とC11ばかり。C50型はどこにもいない。

お目当てなのに… ようやく機関庫の片隅で遭遇することができた。「波に千鳥」も薄暗い庫のなかでは映えることもなく、ちょっと期待はずれ、いや期待が大き過ぎたようだった。

C5058は1929年8月に日立製作所でつくられた製番354。C50型は1929年が製造初年、その前年に型式称号規定か改正され、動輪数と二桁の数字を組合わせた、お馴染みの型式で登場してきた。「ハチロク」から、使用圧力が高められるなどの変更を受けた改良型といわれるが、型式のちがいでひとつ新時代を思わせた。

戦前に一時小郡区にいたことがあるが、基本的に九州で働いた機関車。戦後早い時期に行橋区にやって来て、1970年1月に廃車になるまでずっと行橋区で生涯を終えた。

1954年暮に行なわれた修繕で小倉工場に入場した際に、前述のように行橋区創立60周年を記念して、特別な装飾「波に千鳥」付のデフレクターに換装されて以来、行橋区のアイドル的存在になっていたのだった。

C50 58
C11 380

C50 58
C50 58

庫に入っているC5058にいささかがっかりしつつも、九州撮影行の後半、機会を見付けて行橋区再訪を計画した。それはひとつ、いいアイディアが思いついたからそれを実行した、ということでもあった。

当時、日豊本線には門司港〜西鹿児島間に夜行のドン行列車が一往復走っていた。521／522列車でそれには寝台車が1輛連結されている。宿屋に一泊するならば三段寝台の上段、¥800の方が倹約になる。

鹿児島周辺で陽が暮れるまでたっぷり撮影して、西鹿児島17時01分に522レに乗れば、翌朝6時51分には行橋に着けるのだ。

朝の行橋区。斜めの光が蒸気機関車に差し込み、それは美しいプロポーションを露に見せる瞬間があったりすることも解った。それを知ってからというもの、けっこうな回数利用することになる。

このときも、庫外でC5058をきちんと撮影したい。で、再度の訪問時、なんと左の写真の状態で、ヤードの片隅で時間待ち状態であった。待てども動こうとしない。デフレクターはサイドから撮影したものの、単機でいるところを型式写真風に撮影したい、という希望は翌年、三度目の訪問をした時にようやく果たされることになった。

ストラ
55534

C50 58

C50 118

行橋区のC50型は5輛が配属されている筈だったが、C50138はひと足早く1967年には廃車されていてすでになかった。なぜかC5046には遭うことがないままになってしまった。C5058を存分に撮影できたことで満足していたからか、四度行橋区を訪れることはないままに終わっている。

しかし行橋区で出遇った3輛のC50型、どれもが美しく手入れされていただけでなく、それぞれの表情を持っていたのが嬉しかった。一番のお目当ての「装飾デフ」付C5058、C50118は標準的な四角いデフレクターをはじめとして、原型に近い外観を保っていた。そしてC50144は「小工デフ」に四つ角の煙室扉ハンドルが独特の印象を与える。

C50型はC50 1～67が前期型、C5068～154が後期型と分けられるが、一見してその差異は判別できない。それでも、その両方がいる行橋区は貴重だったというものだ。

ぜひともC50型の牽く列車を見たい、九州撮影行の最後を苅田港への貨物線に充てた。9600の牽く貨物列車はやってくるけれど、C50型はなかなか現われてくれない。ようやく姿を見せた待望のC50型は… なんと単機回送なのか荷物がなかったのか、単機で通過していったのだった。

C50 118

C50 118
C50 118

C50 144

C50 118

あとがきに代えて

最初の九州は夏の日のことであった。夏休みを待ちかねるようにして夜行列車に乗った。周遊券を買って、リストアップした行きたい機関区を片端から回ってみる、初めてだから当然だが、どこもかしこも初めてだらけ。見る機関車見る機関車ひとつひとつに釘付けになってしまいそうで、たっぷりだった筈の周遊券の有効期限はあっという間に過ぎてしまいそうになる。

＊　　＊　　＊

いまなら気が引けてできないだろうに、若者の特権、当時は図々しくも友人や親戚を頼っての旅であった。このときも、大学で知り合ったばかりの友人、「おー、ウチに泊まりに来いよ」のことばに甘えて、なん泊かさせていただくことになった。それが、嬉しいことに父上は国鉄小倉工場の要職におられる、という。官舎の一室で毎夜、機関車修繕の話や小倉工場のいろいろなど話を聞かせていただいた。

初めて出遇ったD50型は林間学校のとき信越線で見たD50342。

まったくこいつは親の仕事になんの興味も持ってない。友人とちがって、機関車の話ひとつひとつに食いつくように質問する小生に父上もご機嫌であったようで「よかったわねえ、話聞いてくれる人が現われて」と、母上にも大歓迎していただいた。

だって、朝から友人本人はバイトに出掛けてしまう。小生も一緒に写真撮りに出掛けるのだが、陽が暮れる頃には友人より先に小生がご帰還。暑かったでしょう、と冷菓子などいただき寛ぐうちに父上が帰宅。「おお、きょうはどこへ行った？」 ひと昔前の直方はなあ、それはそれは活気に溢れ… などと晩酌しながら佳き時代のむかし話を聞かせてくださる。友人が一番あとに帰って来て、ちょっと遅めの夕食をご馳走になって…などという生活を数日間、本当にいまさらに恐縮するとともに改めて感謝したくなる。

鹿児島、吉松など南九州を一週間ほど回ってまた小倉の友人宅にご厄介になる。そんなこんなで、初めての九州撮影行は大きな収穫とともに達成できたのであった。

＊　　＊　　＊

いまにして思えば、D50型の牽く石炭列車も二度目の訪問ではグンと数を減らしていたし、機関庫の隅で休車状態になっているものもいた。C55型がC57型に置き換わる直前だったこともあって、初めての九州の成果は大きなものがあった。もちろん、もう少し早く生まれていれば… はあるのだけれど、上を見ればきりがない。逆にいえば、蒸気機関車時代の最後に立ち会えた幸わせをつくずく感じるのである。

だからこそ、というわけではないが、そうして取り溜めた写真を実際に体験した者の語りとともに記録しておく作業にいまは精出している、というわけだ。

大宮工場で出遇ったD5027はすでに廃車になって久しく、解体途上といった感じであった。汽車会社製に換装されている砂箱に注目。

そう、チラリと紹介したが、筑豊のような炭坑地帯の魅力のひとつは炭礦の専用線、専用鉄道の存在だ。貝島炭礦は有名な存在だし、もうひとつの明治礦業平山は偶然に遭遇しただけに忘れられない強烈なインパクトが持続している。とにかく網の目のように線路のあった炭坑地帯。そんなときに遭遇した546mm（1フィート9½インチ）の超狭軌の線路、それも複線で架線付とあっては驚くに値するものにちがいあるまい。

こうした名もなく小さなトロッコ様の鉄道は、それはまた別の強烈な魅力の持ち主であったりする。いずれ改めで紹介の機会を持ちたいと思っている。

＊　＊　＊

それにしても同じ炭坑地帯でありながら北海道石狩地区と筑豊とでは大きく雰囲気が異なるものだ。それは単純に北海道がボギーのセキ、九州は二軸車のセム、セラといった石炭車のちがいだけではなく、鉄道を取り巻く周辺、情景のちがいの方が大きい要素かもしれない。

そういえば、北海道でも最後の「デゴマル」を追い掛けた記憶がある。残念ながら実際に石炭列車の先頭に立つシーンには出遇えなかったが、最後の仕業、生きているD50型を辛うじて見ることができた。それからすると、九州、筑豊界隈の活躍ぶりは、まさに宝ものというようなものであった。

ご存知のようにD60型はD50型を二軸従台車に改装してつくられた機関車。だから基本的なプロポーションは同じなのだが、やはり趣味的には原型の方が貴重に思えてくる。それで、ひと足早く消えてしまったのだから、よけい大切な存在だ。しかも、保存されているD50型はわずかに2輛。最後まで活躍していたというのに、九州には1輛も残っていないのだ。

ちなみにその2輛というのは、本文でも紹介した「梅小路蒸気機関車館（現、京都鉄道博物館）」のD50140と、北海道は北見にあるD5025である。その活躍、功績からしたら、ずいぶんと不遇な機関車に思えたりするのだ。

2023年早春に

いのうえ・こーいち

いのうえ・こーいち　著作制作図書

- **『世界の狭軌鉄道』**いまも見られる蒸気機関車　全6巻　2018～2019年　メディアパル
  1、ダージリン：インドの「世界遺産」の鉄道、いまも蒸気機関車の走る鉄道として有名。
  2、ウェールズ：もと南アフリカのガーラットが走る魅力の鉄道。フェスティニオク鉄道も収録。
  3、パフィング・ビリイ：オーストラリアの人気鉄道。アメリカン・スタイルのタンク機が活躍。
  4、成田と丸瀬布：いまも残る保存鉄道をはじめ日本の軽便鉄道、蒸気機関車の終焉の記録。
  5、モーリイ鉄道：現存するドイツ11の蒸機鉄道をくまなく紹介。600mmのコッペルが素敵。
  6、ロムニイ、ハイス＆ダイムチャーチ鉄道：英国を走る人気の381mm軌間の蒸機鉄道。
- **『C56 Mogul』**　C56の活躍した各路線の記録、また日本に残ったうちの40輛の写真など全記録。
- **『小海線のC56』**　高原のローカル線として人気だった小海線のC56をあますところなく紹介。
- **『井笠鉄道』**　岡山県にあった軽便鉄道の記録。最期の日のコッペル蒸機復活の貴重なシーンも。
- 『頸城鉄道』　独特の車輛群で知られる新潟県の軽便鉄道。のちに2号蒸機が復活した姿も訪ねる。
- 『下津井電鉄』　ガソリンカー改造電車が走っていた電化軽便の全貌。瀬戸大橋のむかしのルート。
- 『尾小屋鉄道』最後まで残っていた非電化軽便の記録。蒸気機関車5号機の特別運転も収録する。
- **『糸魚川＋基隆』**　鉄道好きの楽園と称された糸魚川東洋活性白土専用線と台湾基隆の2' 蒸機の活躍。
- **『草軽電鉄＋栃尾電鉄』**永遠の憧れの軽便、草軽と車輌の面白さで人気だった栃尾の懐かしい記録。
- 『日本硫黄 沼尻鉄道』先輩、梅村正明さんの写真で沼尻へトリップ。軽便鉄道の風情までを一冊に。
- 季刊**『自動車趣味人』**3、6、9、12月に刊行する自動車好きのための季刊誌。肩の凝らない内容。

著者プロフィール
いのうえ・こーいち　(Koichi-INOUYE)
岡山県生まれ、東京育ち。幼少の頃よりのりものに大きな興味を持ち、鉄道は趣味として楽しみつつ、クルマ雑誌、書籍の制作を中心に執筆活動、撮影活動をつづける。近年は鉄道関係の著作も多く、月刊「鉄道模型趣味」誌に連載中。主な著作に「C62 2 final」、「D51 Mikado」、「世界の狭軌鉄道」全6巻、「図説電気機関車全史」（以上メディアパル）、「図説蒸気機関車全史」（JTBパブリッシング）、「名車を生む力」（二玄社）、「ぼくの好きな時代、ぼくの好きなクルマたち」「C 62／団塊の蒸気機関車」（エイ出版）、「フェラーリ、macchina della quadro」（ソニー・マガジンズ）など多数。また、週刊「C62をつくる」「D51をつくる」（デアゴスティーニ）の制作、「世界の名車」、「ハーレーダビッドソン完全大図鑑」（講談社）の翻訳も手がける。季刊「自動車趣味人」主宰。株）いのうえ事務所、日本写真家協会会員。
連絡先：mail@tt-9.com

著者近影　撮影：イノウエアキコ

筑豊のD50/D60　行橋のC50　鉄道趣味人05　「北九州1」

発行日　2023年1月16日
初版第1刷発行

著者兼発行人　いのうえ・こーいち
発行所　株式会社こー企画／いのうえ事務所
〒158-0098　東京都世田谷区上用賀3-18-16
PHONE 03-3420-0513
FAX　03-3420-0667

発売所　株式会社メディアパル（共同出版者・流通責任者）
〒162-8710　東京都新宿区東五軒町6-24
PHONE 03-5261-1171
FAX　03-3235-4645

印刷　製本　株式会社JOETSU

ISBN 978-4-8021-3372-2　C0065
2023 Printed in Japan